Ariel Álvarez

Guía del Edecán Diplomático

argos

SEGUNDA EDICIÓN
ARGOS, OCTUBRE 2018

Ariel Álvarez
Guía del Edecán Diplomático

CreateSpace ISBN: 978-1727855210

Diseño de portada y diagramación
Ariel Álvarez

Onda: 0004862-11

Corrección de originales: Lilliana Vergara Agostini

arielalfonsoalvarez@hotmail.com
WhatsApp: 809-756-0372

Editorial Argos
Santo Domingo, República Dominicana
Teléfono: (809) 482 4700
email: libros@mail.com

Contenido

Ariel Álvarez

(Santo Domingo, 1961) Diplomático dominicano, nació el 12 de mayo en la República Dominicana. Comenzó su carrera diplomática en el año 1986.

Ariel Álvarez formó parte del cuerpo diplomático en Venezuela, Argentina, Uruguay, Chile, Brasil y Panamá.

Actualmente se desempeña como embajador adscrito a la Secretaria de Estado de Relaciones Exteriores en la República Dominicana.

En el escalafón, ingresó como Tercer Secretario, Secretario encargado de los Asuntos Consulares, luego fue Consejero, Ministro Consejero y Embajador.

Aportaciones literarias:
Cancilleres Dominicano
Compendio de Notas Diplomáticas

Convención de Viena
Diccionario del Diplomático
Guía del Edecán Diplomático (1ª edición)
Manual del Diplomático Dominicano
Saber Diplomático

"Ver, oír y callar"

Introducción

El campo de la diplomacia es diverso, intenso y fascinante. Tanto en mi país, República Dominicana, como en el extranjero, entre una diversidad de cargos, desempeñé el rol de edecán. Muchas de estas experiencias fueron con presidentes, vicepresidentes, cancilleres, vicecancilleres y secretarios de estado.

Ante la inexistencia de un reglamento, manual o instructivo a los cuales acudir como norte, y a modo de referencia, vi como área de oportunidad y valor añadido la creación de esta guía.

El contenido de este texto está fundamentado en mi experiencia como edecán; asimismo consideré legítimo hacer consultas a otros funcionarios que ejercieron el cargo. Acudí, además, a la investigación de datos que aparecen en los archivos incluidos en la librería por excelencia, y una de las más utilizadas en el mundo, la Internet.

A modo de apertura, y con el fin de que el lector adquiera desde el principio, referencias que le permitan familiarizarse, comprender y entender el comportamiento del Edecán Diplomático (cuando asiste a un funcionario en un evento, o es asignado a una misión), en la Guía del Edecán, circunscribí el concepto edecán, sus sinónimos, sus antónimos y sus orígenes.

Los datos expuestos en esta guía fueron seleccionados con gran responsabilidad y profunda vocación. Aspiro a que los mismos constituyan un punto de partida para las nuevas y ampliadas investigaciones de uno de los temas de mayor relevancia en el campo de la diplomacia.

El edecán no es un guardaespaldas

Definición de Edecán

La palabra edecán proviene del francés ***aide de camp***, que significa ayudante de campo. En la rama militar, el edecán es la persona que asiste a un general o a un coronel.

En El Salvador y en México, el edecán es la persona que ayuda a los que participan en reuniones y congresos, entre otras actividades.

En Nicaragua y en Cuba existen los "Edecanes Civiles", también llamados "Funcionarios Enlaces".

En Colombia y en la República Dominicana llaman "Edecán Diplomático" al funcionario de Cancillería que asiste a una personalidad que participa en reuniones, cumbres y asambleas, entre otros eventos.

La presencia del edecán es requerida por los presidentes, las fuerzas armadas, la diplomacia (cancillerías), Cámara de Diputados y Senadores (poder legislativo). En todos los casos, atañe a funciones de asistencia y de apoyo a funcionarios o representantes de organismos internacionales que ocupen las posiciones más altas en la escala jerárquica.

Sinónimos de Edecán

La palabra edecán tiene múltiples equivalentes tales como: acompañante, adjunto, adlátere, asistente, auxiliar, ayudante, bedel, chambelán, coagente, colaborador, cooperador, diplomático, enlace, escolta, facilitador, fautor, funcionario, secretario, servidor, suplente.

Antónimos de Edecán

Jefe de delegación, titular, principal, superior, líder.

Origen del Edecán

El gobernante Napoleón Bonaparte (Ajaccio, Isla de Córcega, Francia, 15 de agosto de 1769; Santa Helena, Gran Bretaña, 5 de mayo de 1821), inicialmente en sus grandes batallas y luego, durante su trayectoria, se hacía acompañar por sus generales, y un pequeño grupo de oficiales que encomendaban sus órdenes en el campo de batalla "*aide de camp*".

Sus guerras de conquista se convirtieron en los mayores combates conocidos en Europa; estas involucraban una cantidad de soldados jamás visto en los ejércitos. El gobernante siempre requería comunicación con sus tropas. Las distancias, sumado al gran número de soldados (algo similar ocurrió con la instauración de los embajadores en relación con los países y las travesías), causó el surgimiento de la figura del edecán.

Los edecanes eran personas de confianza debido a la información sensitiva que manejaban. Estos, además de llevar la agenda y delegar las órdenes del gobernante, también servían de compañía en los campos de batalla y posteriormente, en las actividades del Emperador.

Por ser militares, y para distinguirlos de los demás, se les ordenó que llevaran un cordón dorado encima del uniforme. Ahí mismo colocaban un lápiz para tomar notas, también llevaban un silbato.

Desde entonces, y aún en nuestros tiempos, los generales o coroneles encargados de una compañía, requieren ser asistidos por una persona de su confianza. Para distinguirla del resto, a esta persona le llaman edecán.

En ciertos países, los presidentes se hacían acompañar por uno, o más edecanes. Hoy, del mismo modo, existen mujeres edecán (la palabra "Edecana" no está registrada en la Real Academia de la Lengua Española).

El edecán no es un muchacho de mandado

Edecán Diplomático

La función del edecán incumbe a eventos oficiales, personales y sociales. La Convención de Viena del 1961, que rige la diplomacia mundial (desde mi punto de vista, ya obsoleta), puntualiza los calificativos, embajador, ministro, secretario, no así, "edecán". Dicho título no fue incluido entre los nombres que fueron definidos. Por tal razón, en la diplomacia no se acostumbra a utilizarse los términos, Edecán o Edecán Diplomático.

En algunos Estados se utiliza el vocablo "Edecán Diplomático", para identificar a la persona designada a acompañar a los funcionarios (presidentes, vicepresidentes, cancilleres, secretarios de estado, entre otros) o representantes de organismos internacionales. Dicho acompañamiento se dará, independientemente del motivo de la visita; es decir, sea una oficial o personal, siempre y cuando lo considere el protocolo, o el propio canciller.

El edecán es la persona que acompaña al huésped (funcionario) desde su llegada hasta su partida. Es el ente clave para el buen desenvolvimiento en toda actividad que se lleve a cabo. Con un edecán eficaz, queda resguardada gran parte de la estadía del visitante.

El edecán no tiene un rango diplomático específico, independientemente del nivel que tenga la persona a la que asista. El simple hecho de ser nombrado o asignado edecán del jefe de una delegación, constituye un honor para quien realiza la encomienda.

La improvisación y la gestión del edecán definitivamente no mezclan. Esta importante tarea requiere total enfoque; inventar, podría conllevar a cometer errores, y en ocasiones esas faltas tienen un alto costo. A tono con esto, considero que las cancillerías deberían tener un equipo de edecanes preparados para cubrir grandes eventos. Tener edecanes adiestrados permitiría contar con una reserva a ser utilizada cuando así lo requiera la ocasión.

En cuanto a rangos, la palabra edecán nunca deberá acompañar a un título jerárquico, por ejemplo: Edecán Embajador, Edecán Ministro, Edecán Consejero, entre otros.

En asuntos de vestimenta, sería ideal la uniformidad de los edecanes, pues así se distinguirían del resto de la comitiva. Se recomiendan colores específicos, del mismo modo, utilizar algo característico en su indumentaria.

Debo precisar que el edecán no es la persona a cargo de las actividades de protección y de seguridad del jefe de la misión. No es la persona que tiene que estar detrás, delante, derecha, izquierda; es el ente que estará gran parte del tiempo acompañando a la persona que asista, por lo tanto, no hay sitio específico para su ubicación.

El edecán no tiene, ni puede acompañar a la delegación las 24 horas; le corresponde ingerir alimentos, asearse, descansar, entre otras necesidades del ser humano.

De otra parte, ya sea por tratarse de reuniones corridas o por encuentros de carácter personal, habrá actividades a las que el jefe asista solo. En estos casos, el edecán utiliza ese tiempo para realizar otras gestiones.

La depuración o requisitos de antecedentes personales es sumamente importante a la hora de designar a un edecán. A la par, uno de los factores a considerarse es la categoría y el rango de la persona a la que asistirá.

Si se trata de una mujer, recomiendan elegir a una edecán como acompañante; del mismo modo, optar por varones cuando se refiera a funcionarios.

En muchas ocasiones convendría seleccionar como edecán a una persona que, en el pasado, hubiera estado acreditada en el país de procedencia de la persona a la que asistirá.

> El Edecán tendrá que hablar el mismo idioma
> de la persona a la que asistirá

Perfil básico del Edecán

No existe un perfil académico requerido, ni características personales definidas para el Edecán Diplomático. Para mí, las personas a ejercer la función de edecán deberán poseer los siguientes atributos:

Discreción

No cometer ligerezas o imprudencias. Tener reserva o cautela para guardar un secreto o para no contar lo que sabe. Sensatez para formar un juicio, y más que todo, tacto para hablar u obrar.

Facilidad de expresión

Habilidad para relacionarse con la gente. El lenguaje no es inocente, por lo que, a la vez, convendrá velar, posturas y ademanes.

Modestia

Capacidad para moderar los actos y pensamientos; no creernos más de lo que somos.

Paciencia

Esa extraordinaria actitud que lleva al ser humano a soportar contratiempos y dificultades para lograr el bien común.

Presencia

Una combinación entre exterior armonioso, coherente y atractivo. El secreto reside en que lo más importante es la personalidad. Los edecanes cuidan y se esmeran en su arreglo personal con el fin de proyectar una imagen fresca, discreta y agradable.

Prudencia

La capacidad que tienen algunas personas para detenerse a analizar las diferentes variables y evaluar sus posibles consecuencias antes de tomar una decisión. Regularmente suele ser sinónimo de cordura, moderación, cautela, madurez o reflexión.

Puntualidad

Disciplina que cada uno se autoimpone para poder cumplir con las obligaciones, citas y compromisos previamente fijados. Sin duda la puntualidad es fundamental; espejo de nuestra palabra y compromiso con nuestro entorno y con las personas que nos rodean.

Antes y después de la tecnología: En el pasado, con una semana de anticipación de la llegada del dignatario, el edecán estudiaba las rutas que recorrerían durante los eventos y caravanas. Hoy, cuentan con GPS (sistema americano de navegación y localización mediante satélites). En estos tiempos, incluso están dotados de una carrocería especial blindada a prueba de balas. Los teléfonos son otro ejemplo significativo. Entre muchas ventajas, hoy desempeñas mediante estos aparatos, gestiones que antes involucraban llenar un maletín (agendas, cámaras fotográficas), y otros tantos elementos que hoy están integrados en el móvil.

Elección del Edecán

Con el fin de garantizar el éxito en su misión, los siguientes asuntos convendrían ser evaluados para la elección del edecán:

- Sería ideal que el edecán haya estado acreditado en el país de procedencia de la persona a la que asistirá.

- Sopesar la preparación académica y la preferencia ideológica del edecán, versus las de la persona a ser asistida.

- Realizar depuración o requisitos de antecedentes personales.

- Tal como enuncié anteriormente, es preferible que el edecán y la persona asistida sean del mismo sexo.

- Según el rango de la persona a ser asistida, será designada la persona que la acompañará. Expongo como ejemplo, presidentes, ministros, secretarios de estado. A estos generalmente se les asignan embajadores como asistentes.

Deberes del Edecán Diplomático

- Le corresponde resolver los problemas que se presenten durante el desempeño de su misión.

- Proporcionar la información necesaria de las actividades en las cuales participe su asistido.

- Acompañar al jefe de la misión a todos los actos y ceremonias protocolares durante el tiempo que permanezca en el país.

- Vestir impecable de acuerdo al código de vestimenta de la actividad.

- Tener claro que será la persona asistida, quien exponga los temas a conversarse durante la actividad.

- Tiene que ser puntual, y va más allá de la definición que ofrecí anteriormente. El edecán no solo deberá llegar a la hora convenida, implica, además, marcharse a tiempo.

- No presentar temas personales.

- No emitir juicios de política.

- Estar debidamente identificado.

- Tomar nota de todo lo que acontezca.

- Estar informado, y en constante comunicación con la persona asistida.

- De ser posible, convendría que el auto del jefe de la delegación posea GPS y cierto blindaje.

El edecán milita

Inmunidad del Edecán

Mientras el edecán ejerce sus funciones, y para lograr un mejor desenvolvimiento en la actividad a la que asista, considero sustancial, que se le otorgue la investidura de la inmunidad correspondiente.

Convendría incluir en su carné de identificación la siguiente declaración:

El Ministerio de Relaciones Exteriores de la República (según aplique) certifica que el titular de este carné está acreditado como Edecán del excelentísimo Señor (nombre de la persona a ser asistida). En tal virtud hace saber a las autoridades que deben prestarle el apoyo que corresponde.

Cancilleres Dominicanos

Miguel Octavio Vargas Maldonado, Ministro de Relaciones Exteriores de la República Dominicana (desde el 16 de agosto de 2016).

Andrés Navarro García, Ministro de Relaciones Exteriores de la República Dominicana (desde el 15 de septiembre de 2014, hasta el 16 de agosto 2016).

Carlos Alfredo Miguel Morales Troncoso (desde el 29 de septiembre de 1940, hasta el 25 de octubre de 2014). Fue canciller durante 12 años, en cuatros periodos de gobierno, con tres presidentes distintos.

Eduardo Latorre, Canciller (desde el 1996, hasta el 2000). Falleció en la ciudad de Miami en el año 2003.

Edecanes (Diplomáticos)

Embajadores adscritos al Ministerio de Relaciones Exteriores de la República Dominicana, año 2007.

Zona Colonial, Santo Domingo, República Dominicana (2012). La foto recoge el momento en el que Ariel Álvarez compartía con un grupo de representantes de organismos internacionales. Durante el encuentro, el autor se enteró que fue invitado, en reconocimiento por su labor con relación a los resultados obtenidos en la misión.

Año 1996, momento en el cual el Embajador Rafael Cabrera presenta las Cartas Credenciales al presidente de Uruguay, Julio María Sanguinetti. De pie, el edecán asignado al Embajador.

Año 2008, el Embajador Andrés Moreta Damirón, ejerciendo el rol de edecán, recibe al Señor Presidente de El Salvador, D. Elías Antonio Saca González.

Pasos tras el nombramiento del Edecán

1

**Notificación a la embajada
u organismo internacional**

Una vez designado, el edecán deberá notificar su nombramiento a la embajada u organismo internacional al que corresponda la persona que será asistida.

Deberá gestionar una cita con el embajador o encargado de negocios. Dicha diligencia obedece a su presentación personal; también, para finiquitar detalles de la estadía del visitante.

Las gestiones antes mencionadas son cruciales; abrirán el camino al edecán para establecerse como enlace entre la Embajada y la Cancillería. Además, el trabajo en equipo provee mejores resultados ya que todos estarán comprometidos con un mismo objetivo.

2

**Investigación de datos relacionados
con la persona a ser asistida:**

Toda información que el edecán pueda averiguar por medio

de cancillerías, embajadas, la Internet o a través de cualquier otro medio, será de gran ventaja.

Ejemplos de datos relevantes:
Profesión
Cargo
Partido
Religión
Estatura
Preferencias deportivas
Estado civil

Alimentación: Debido a motivos de salud o por estética, hay personas que realizan algún tipo de dieta.

El Edecán deberá tomar en cuenta este asunto a la hora de participar en eventos que involucren desayunos, almuerzos y cenas oficiales. Le corresponde proveer la información a la persona encargada de la gastronomía del evento.

El Físico: El edecán deberá asegurar que la delegación esté cómodamente sentada en el vehículo en el que serán transportados. Es importante que considere la estatura de las personas que componen la misión.

Asimismo, y aunque pudiera parecer irrelevante, un factor sustancial a velar, es, si existe parecido físico entre el edecán y el asistido. Diferenciarlos podría tornarse dificultoso.

Impedimentos físicos: En muchas ocasiones, o de forma permanente, hay personas que utilizan equipos médicos para facilitar su movilidad.

El edecán deberá evaluar la infraestructura y facilidades físicas de los edificios en los cuales se llevarán a cabo los diversos eventos.

Si la persona a ser asistida no puede utilizar escaleras, le corresponde al edecán, ratificar y/o gestionar con antelación, el funcionamiento y servicios de ascensores en lugares que así lo ameriten.

En algunos palacios o casas presidenciales, igualmente en secretarías de estado y en ministerios, los ascensores son de uso exclusivo del presidente y el secretario. En estos casos, deberá gestionar los permisos pertinentes.

3

Misión u objetivo de la visita: Es importante conocer el propósito de la comparecencia de la persona a ser asistida.

Corresponde conocer el propósito de la visita: convención, cumbre, reunión, conferencia internacional, entre otros acontecimientos.

Si se trata de una reunión, por ejemplo, del Grupo de Río, el edecán deberá estar informado de su origen, historia, miembros, reuniones, cumbres, objetivos de la actividad, en fin, todo lo relacionado con el organismo, y el país de procedencia del mandatario.

Rango de la persona: El protocolo y la seguridad a establecerse, dependerá del rango de la persona asistida (presidente, vicepresidente, secretario de estado, embajador, en misión especial, o representante de algún organismo internacional).

4

Personas que serán asistidas: Generalmente el edecán es asignado a una sola persona; solo en casos extraordinarios, incumbirá que asista al resto de la delegación.

De ser así:

Es importante poseer toda la información del resto de los integrantes de la delegación. Imagínense ir a recibir a una persona, la que, a su vez, viene acompañada de su esposa, asistente u otro miembro de su representación. Muy probablemente no contaríamos con el medio de transporte adecuado. De la misma forma, entre otros desatinos, la gestión de reservaciones se vería impactada.

Deberá notificar a la delegación, asuntos de su acreditación, alojamiento y actividades a realizarse.

5

Seguridad: Siempre que activen el equipo de seguridad para cubrir la visita del jefe de la misión, corresponderá al edecán reunirse con dicho grupo para coordinar los detalles.

El rango que posea el jefe de la delegación determinará la disposición de la seguridad, la escolta y un edecán militar. Lo ideal sería que se definieran los roles del Edecán Diplomático y el Edecán Militar (en relación con la misión).

6

Comunicación: El edecán deberá tener a mano todos los contactos de teléfonos, direcciones de correos electrónicos (e-mail), fax, y radios, entre otros medios de comunicación.

Un buen edecán se distingue por la eficiencia en la comunicación inmediata, en el menor tiempo posible, ya sea con la persona o institución asignada.

Teléfonos: Compartir información a través del teléfono es una gestión imprescindible en el desempeño del edecán.

El edecán es responsable de que su equipo funcione en todo momento. Es importante que tenga a la mano los siguientes números de teléfonos y las extensiones:

Contactos de ambas cancillerías (país donde se lleve a cabo la misión y país de procedencia de la persona asistida).

Embajada a la que pertenece su asistido y sus principales funcionarios.

Nombre y número de teléfono del hotel donde se aloja.

Nombres y ubicación de algunos restaurantes.

Nombres y ubicación de clínicas de salud.

Datos de los edecanes de las distintas delegaciones.

E-mail y páginas Web, de las personas y los organismos involucrados en la actividad.

Fax: También son importantes, en muchas ocasiones es más fácil la comunicación a través de estos.

Radio-teléfono: Los radios de comunicación de control remoto (radioteléfonos) son una herramienta eficaz para comunicarse con la cancillería, con la seguridad y con los demás edecanes.

7

Medios de Transporte:

Detalles que deberá saber el edecán:

- Si la delegación viaja con su propia seguridad.
- Si la delegación viaja con armas de fuego.
- Si la delegación viaja en un avión privado.

(Tal como ocurre con las armas de fuego, el traslado en un

avión privado requiere gestionar permisos con anterioridad).

Para controlar cualquier imprevisto, y con un mínimo de dos días de antelación a la llegada de la misión, el edecán deberá coordinar todo lo referente al transporte. De esta forma se pone de manifiesto el dominio y la capacidad del edecán, evitando los malos entendidos y manejando los asuntos inesperados. No hay algo más desagradable que tener percances al inicio de la misión.

A pesar de que los organismos correspondientes al Estado se encargan del registro de las armas de fuego y de los equipos de seguridad del jefe de la delegación, el edecán deberá cerciorarse (con anticipación), de que los trámites se hayan llevado a cabo.

Nuevamente, los organismos pertinentes al Estado se encargan de estos asuntos; no obstante, en muchas ocasiones, las embajadas no se comunican con el componente de la seguridad, circunstancia que causa serios inconvenientes.

8

Transporte durante la estadía: El transporte es primordial para el buen desenvolvimiento de toda actividad.

El edecán deberá:

- Analizar la cantidad de vehículos disponibles para la caravana oficial.

- Precisar con la embajada y con los organismos de la seguridad, quiénes serán las personas encargadas de recibir al jefe de la misión y a sus acompañantes.

- Encargarse de la ubicación de las personas en el automóvil. Existen algunas reglas como resultado de la tradición.

Por ejemplo, si se transportan cuatro personas, serán ubicadas en el siguiente orden:

El chofer y el edecán, en la parte delantera. En la parte trasera, el embajador y el jefe de la delegación. Si son tres personas: el edecán y el jefe de la delegación se sentarán en la parte trasera.

9

Acreditación: Generalmente, la acreditación del jefe de la delegación se hace colocando un broche tipo alfiler (pin), que facilita la representación del país u organismo que rige la asamblea, cumbre, reunión ministerial, entre otros eventos. No aplica para los demás integrantes de la delegación, los cuales se acreditarán con un carné con fotografía, el cual incluirá, nombre y país de origen. Si la embajada u organismo no realiza dicha gestión, incumbirá al edecán proporcionarles la ayuda necesaria.

10

Fin de la misión: Una vez el jefe de la delegación parta, el edecán deberá rendir un informe escrito a su superior. Dicho documento deberá contener todos los pormenores del trabajo realizado.

En comparación con otros tiempos, hoy, nuestro país tiene una agenda de actividades diplomáticas muy activa. Sería conveniente que nuestra cancillería cuente con funcionarios capacitados para ejercer la función de Edecán Diplomático. Tener empleados capacitados para ejercer dicho rol, evitaría improvisar, lo que contribuiría al éxito de un evento.

Edecanes (militares) de la Historia

Arturo Araya Peeters: († 27 de julio de 1973) Marino chileno, edecán naval del presidente Salvador Allende (Chile) y jefe de la Casa Militar de la Presidencia.

Bernardo Alberte: (17 de noviembre de 1918 – Buenos Aires, Argentina, 24 de marzo de 1976). Teniente coronel argentino, edecán de Juan Domingo Perón presidente argentino.

Claudia Fenocchio, María Isabel Panza y Silvana Carrascosa, ejercieron el rol de Edecán de la presidenta argentina, Cristina Fernández.

Daniel Florencio O'Leary: Militar e independentista venezolano (Cork, Irlanda, 1801 - Bogotá, 1854). Edecán del general José Antonio Anzoátegui.

Henry Reeve: (Nueva York, 4 de abril de 1850 — Yaguaramas, Cuba, 4 de agosto de 1876). Edecán del Generalísimo Máximo Gómez.

José de Jesús Martínez: (Managua, 8 de junio de 1929 – Panamá, 27 de enero de 1991) Edecán del General Omar Torrijos Herrera.

Karl-Jesco Von Puttkamer: (Frankfurt (Oder), 24 de marzo de 1900 – Munich, 3 de abril de 1981) Edecán naval de Adolf Hitler durante la Segunda Guerra Mundial.

Lesmes de Basterrica: (San Sebastián, España, 1807- Montevideo, 1881) Edecán del presidente de Uruguay, Manuel Ceferino Oribe y Viana.

Louis Alexandre Berthier: (20 de febrero de 1753 - 1 de junio de 1815), Príncipe de Neuchâtel. Nació en Versalles, fue edecán y amigo personal de Napoleón.

Anécdotas…

A manera de edecán, fui a recibir al canciller de Nicaragua (2007). Según procede, le coloqué el alfiler (pin) que lo acreditaba como tal. Durante tres (3) días participamos en actos oficiales; una vez culminamos los mismos, lo transporté al aeropuerto. A punto de partir, me felicitó e inmediatamente desprendió de su solapa el alfiler, el cual colocó justo en el ojal de mi saco. "Tú le darás mejor uso", expresó. Aún conservo el pin en oro con el escudo de la República Dominicana.

En una de tantas reuniones de cancilleres, a un amigo (medía 6 pies 4 pulgadas de alto) le correspondió ser edecán del canciller de Canadá. Al salir de nuestra cancillería, me llama y me expresa que el carro que le asignaron, lo consideraba pequeño (estaban el chofer, la seguridad y él). Ciertamente el vehículo resultaba incómodo. Ya en el aeropuerto, justo en la puerta del avión en el que recibirían al canciller, ¡vaya sorpresa! El canciller medía unos 6 pies 6 pulgadas de alto. Me llama despavorido, "Ariel, este hombre es más alto que yo, no vamos a caber en este carrito, haz algo, pero urgente". Demás está decir, que aparte de reírme, actué de inmediato.

Por suerte, el canciller tenía que esperar su equipaje, lo que nos dio tiempo para buscar alternativas. Casualmente un funcionario amigo salía de viaje en ese momento; habiéndole explicado la situación, me dijo que con mucho gusto ponía a la disposición su "jeepeta". Solucionado ese inconveniente…

La formación de los edecanes diplomáticos es igual de importante que la preparación de los miembros de la seguridad. En esta ocasión, y habiendo recibido al canciller de un país hermano, nos dirigimos al hotel donde se hospedaría el dignatario. En el vehículo éramos el canciller, la seguridad (teniente) el chofer, y este servidor.

No me explico cómo se le ocurrió, lo cierto es que el encargado de la seguridad, fuera de todo juicio, le pregunta al canciller: "¿Su país es bonito?", "¿la vida es cara?", "me encantaría conocer su país, pues aquí la cosa no está fácil". No sabía dónde meterme. "Dios mío", pensé, no veía la hora de llegar al hotel. Luego de varias actividades, el canciller nota que hay otra persona ejecutando el rol de seguridad. Me pregunta: "¿Dónde está la persona de seguridad?". Le respondo, "fue asignado para atender una misión con carácter de urgencia". Su reacción inmediata fue, "supongo que lo enviaron a mi país". Como dicen por ahí, "sentí vergüenza ajena".

Un amigo se trasladó al aeropuerto en horas de la noche para buscar a un canciller. El vuelo se retrasó varias horas, por lo que todos estaban cansados y soñolientos. El canciller manifestó que quería ir directo al hotel, y eso aconteció.

Una vez acordaron la hora del reencuentro del día siguiente, el edecán se despidió. Generalmente, a los cancilleres se les coloca un alfiler (pin), que los identifica como tal.

Al otro día, el edecán llegó a buscarlo más tarde de lo acordado, y rápidamente entró al hotel. El canciller, trajeado impecable y con el pin reluciente, recibió el saludo del edecán, quien le indicó que deberían irse, pues era un poco tarde. Luego de una hora en cancillería, el edecán le presentó el canciller a uno de los funcionarios: "Permítame presentarle al señor canciller de Panamá». El canciller responde, "de El Salvador". El edecán, atónito, expresó: "Ay Dios mío, he traído al canciller que no era".

En cierta ocasión, una amiga, embajadora, fue edecán de uno de los cancilleres participantes de una reunión en nuestra cancillería. Por procurar hacer un trabajo excepcional, no le permitió darse cuenta que tantas atenciones incomodaban al Canciller (y qué Canciller…). El Señor Canciller se dirigió al baño; estando frente a la puerta, y en presencia de unos colegas le dijo en voz alta a la edecán: "Señora, creo que hasta esta puerta llega su laburo".

Como edecán, siempre que me dieron la opción de escoger, elegí países latinos pequeños. Es mucho más llevadero en todo el sentido de la palabra. Entre otras ventajas, no existía esa parafernalia de poder, de funcionarios de la seguridad.

Un colega, que eligió ser edecán del primer ministro alemán, partió hacia el aeropuerto a la hora indicada. En el vehículo iban él, la seguridad y la escolta. Me cuenta que cuando el avión aterrizó, nunca supo de dónde salieron tantos vehículos y tanta seguridad. Se pararon en la puerta del avión, se llevaron al ministro en una especie de caravana que incluyó más de diez (10) vehículos.

Partieron rápidamente y la escolta del edecán persiguió velozmente la caravana, dejando al colega a pie en el aeropuerto. Luego el edecán me contó que jamás volvió a ver al ministro.

La seguridad no le permitió acercarse más al mandatario. Ciertamente, para que un edecán pueda ejercer su trabajo de manera eficaz, tiene que ser firme, darse su lugar y exhibir liderazgo.

Siendo edecán de Alí Rodríguez, canciller venezolano, y repasando con él, su agenda, le informo que almorzaría en el Palacio Nacional junto con el presidente de la República. Cuando llegamos al comedor, le explico, que una vez culmine el almuerzo, pasaría a buscarlo para continuar el plan establecido. Me pide que me mantenga con él, para que participe del almuerzo con el presidente. Le expongo lo establecido en el protocolo, por lo que procedí a marcharme del lugar.

Mientras saboreaba unas exquisitas empanadas que ubiqué en un carrito de comida cerca del Palacio Presidencial, recibo la llamada del embajador venezolano. El funcionario me indica, que, a nombre del canciller, debo regresar al almuerzo; acto seguido me dice: "El presidente permitió que almuerces con ellos". Demás está mencionar cuán rápido terminé mis empanadas. Solo tuve tiempo de llegar para el postre, en el Palacio Nacional, en compañía del presidente, el canciller y el embajador.

El edecán tiene que ser la persona
con el control de la delegación

Solicitudes a la Real Academia Española

Con el fin de robustecer el vocabulario diplomático, y en aras de que fueran incluidos algunos vocablos puntuales y mayormente utilizados en la diplomacia, he sometidos tres consultas a la Real Academia Española:

En primera instancia, expuse la palabra acreditante. El vocablo, utilizado en las relaciones diplomáticas entre los países, y el que igualmente consta en documentos de la convención de Viena (asuntos diplomáticos de 1961), aprobada y firmada por más de 192 países, no aparecía registrado en la Real Academia Española.

Esto me motivó a escribirle a la institución cultural.

A continuación, verán la respuesta que recibí:

Jueves, 8 de junio de 2006, 11:42:44 a.m.
Servicio de consultas del DRAE (Ref. 184709-DRAE)

Estimado señor Álvarez de los Santos:
Hemos recibido su propuesta, que ya hemos remitido a la Comisión correspondiente para su estudio. Agradecemos su colaboración y nos permitimos recordarle que el estudio

y aprobación de una palabra puede demorarse varios meses, sobre todo teniendo en cuenta que las Academias americanas participan activamente en este proceso.

Atentamente:

Servicio de consulta del DRAE Instituto de Lexicografía Real Academia Española
C. Academia,1 28014 Madrid España

La palabra acreditante, ya está incluida en el Diccionario de la Real Academia de la Lengua.

Real Academia de la Lengua DICCIONARIO DE LA LENGUA ESPAÑOLA Vigésima tercera edición Artículo nuevo.

Avance de la vigésima tercera edición acreditante.
1. adj. Que expide cartas credenciales. Estado acreditante. U. t. c. s.
2. adj. Dicho de una entidad bancaria: Que concede un crédito. U. t. c. s. Real Academia Española © Todos los derechos reservados

En una segunda consulta al Servicio de consultas del DRAE, circunscribí el concepto "Reversales".

Las cartas Reversales son un tipo de notas diplomáticas. Regularmente se utilizan para estipular algún acuerdo entre dos países. Son dos notas, una de propuesta y otra de respuesta y aceptación. La segunda transcribe textualmente la primera.

A continuación, la respuesta recibida:

Estimado señor Álvarez de los Santos:

Hemos recibido su propuesta, que ya hemos remitido a la Comisión correspondiente para su estudio. Agradecemos su colaboración y nos permitimos recordarle que el estudio y aprobación de una palabra puede demorarse varios meses, sobre todo teniendo en cuenta que las Academias americanas participan activamente en este proceso.

Atentamente:

Servicio de consultas del DRAE
Instituto de Lexicografía
Real Academia Española
C. Academia, 1
28014 Madrid
España

En septiembre del año 2018, sometí una tercera consulta a la Real Academia Española. En esta ocasión, traje a la atención y a modo de sugerencia, la inclusión del término "Edecana".

Aunque el vocablo es utilizado para referirse a la mujer que ejerce dicha profesión, la palabra no aparece registrada en el Diccionario de la Real Academia Española.

A dos días de haber entregado la consulta, obtuve la ansiada respuesta:

Academia Española
Sent: Tuesday, September 25, 2018 6:50:26 PM
To: arielalfonsoalvarez@hotmail.com
Subject: Acuse de recibo

La Unidad Interactiva del DRAE se complace en comunicarle que su mensaje acaba de ser recibido.

La propuesta o sugerencia que nos envía referente a una

voz o acepción del "Diccionario de la lengua española" será estudiada y valorada para su posible inclusión en la vigésima cuarta edición.

Le damos las gracias por escribirnos y aprovechamos la ocasión para hacerle llegar nuestra consideración más distinguida.

En gran parte el éxito o fracaso
de la misión dependen del Edecán

Tengo un compromiso inquebrantable con la carrera que elegí hace más de tres décadas.

Continuaré el llamado que siento de aportar desde mi experiencia, y contribuir a las nuevas generaciones no solo de mi país, y si, además, a las proles que se encaminan al fascinante mundo de la diplomacia.

Apoyar al desarrollo e implantación de alianzas que redunden en transformaciones de comunicación, bienestar y crecimiento entre los pueblos, es mi gran deuda de gratitud.

argos